I0802774

Greek at a Glance

Summary Reference Sheets for Readers of New Testament Greek

Paul Fullmer
Robert H. Smith
(authors of *Read Greek by Friday*)

This booklet is designed to fit inside the front or back covers of *The Greek New Testament*.

WIPF & STOCK PUBLISHERS
199 West 8th Avenue
Eugene, Oregon 97401
Www.wipfandstock.com

ISBN: 978-1-55635-101-3

Conjunctions and Prepositions

CONJUNCTIONS

The most common connectors

ἀλλά	"but"	ἤ	"or"	οὖν	"therefore, so"
γάρ	"for"	καί	"and"	τε	"and"
δέ	"and, now, then"				

Always or almost always with the subjunctive:

ἐὰν μή "unless"

ἕως (ἄν) "until"

ἵνα "in order that," introducing a ***purpose clause***

ἵνα "that," introducing a ***content clause*** (less common than purpose clause)

ὅπως (ἄν) "in order that"

ὅταν (ὅτε + ἄν) "when, whenever"

Always or almost always with the indicative:

ἕως, ἕως ὅτου "until, while"

ὅτε "when"

ὅτι "because," or "that" (introducing ***direct or indirect discourse)***

ὡς, καθώς "as, just as"

ὥστε "so that" or "therefore"

PREPOSITIONS

ἀντί	"instead of"
ἀπό	"from, away from"
διά	w gen: "through" w acc: "on account of"
εἰς	"into, for"
ἐκ	"out of, from"
ἐμπρόσθεν	"before, in the presence of"
ἐνώπιον	"before, in the presence of"
ἐν	"in, among"
ἐπί	w gen: "upon, in the time of" w dat: "upon" w acc: "upon, against"
ἕως	"until"
κατά	w gen: "against, down from" w acc: "according to"
μετά	w gen: "with" w acc: "after" (time)
ὀπίσω	"behind, after"
παρά	w gen: "(from) alongside" w dat: "alongside" w acc: "(to) alongside"
περί	w gen: "about, concerning" w acc: "about, around"
πέραν	w.gen: "beyond"
περί	w gen: "about, concerning" w acc: "about, around"
πρό	"before"
πρός	"to, towards"
ρύν	"with"
σύν	"with"
ὑπέρ	w gen: "on behalf of" w acc: "beyond, more than"
ὑπό	w gen: "by (some agent)" w acc: "under, below"
χωρίς	w gen. "without"

Some Common Uses of the Cases

Nominative

Subject of the sentence

Predicate nominative with linking or equative verbs (εἰμί, γίνομαι, ὑπάρχω)

Genitive The case of possession, source, or quality

Often translated with *"of"* as in these examples and others:

Possession:

"the disciples *of him*" = "*his* disciples" (οἱ μαθηταὶ αὐτοῦ, John 2:2)

Contents:

"a mixture *of myrrh and aloe"* (μίγμα σμύρνης καὶ; ἀλόης, John 19:39)

Object of important prepositions (ἀπό, ἐκ, διά, μετά, περί, παρά)

A noun or pronoun in the genitive is the subject in genitive absolute constructions

Direct object of verbs of sense like "*hear*" and "*touch*" (ἀκούω and ἅπτω)

Comparison:

μείζων τοῦ πατρὸς ἡμῶν = "greater *than our father*" (John 8:53)

Dative The case of personal interest or advantage

Indirect object (translated with *to* or *for)*

Direct object of a few verbs of relationship such as "*follow, obey, serve, believe*" (ἀκολουθέω, ὑπακούω, δουλεύω, πιστεύω)

Location in time: "*on the third day*" (τῇ ἡμέρᾳ τῇ τρίτῃ, John 2:1)

Location in space: "*on his head"* (αὐτοῦ τῇ κεφαλῇ, John 19:2)

Means or Instrument: *"with his spear"* (λόγχῃ αὐτῦ, John 19:34)

Object of many important prepositions: ἐν, σύν, ἐπί, παρά

Accusative

Direct object

Extent of time: "*for two days*" (δύο ἡμέρας, John 4:40)

Subject of the infinitive

Object of important prepositions: εἰς, ἐπί, πρός, διά, κατά, μετά, ὑπό)

Vocative

Used in addressing a person

"*Lord, have mercy"* (κύριε, ἐλέησον)

THE NOUN SYSTEM

NOTE: In all three declensions...

- All genitive plurals are – ων
- All dative singulars end in iota (subscript in the first and second declension)
- All dative plurals end with an iota and a sigma (-αις, -οις, -σι or −σιν
- All neuter nouns have accusatives identical with their nominatives
- All masculine and feminine accusative plurals end in sigma

		First Declension			
		M	F	F	F
Singular	N	μαθητής	γραφή	ἡηέρα	δόξα
	G	μαθητοῦ	γραφῆς	ἡμέρας	δόξης
	D	μαθητῇ	γραφῇ	ἡμέρᾳ	δόξῃ
	A	μαθητήν	γραφήν	ἡμέραν	δόξαν
Plural	N	μαθηταί	γραφαί	ἡμέραι	δόξαι
	G	μαθητῶν	γραφῶν	ἡμερῶν	δοξῶν
	D	μαθηταῖς	γραφαῖς	ἡμέραις	δόξαις
	A	μαθητάς	γραφάς	ἡμέρας	δόξας

		Second Declension			**The Definite Article** ("the")		
		M	F	N	M	F	N
Singular	N	λόγος	ὁδός	ἔργον	ὁ	ἡ	τό
	G	λόγου	ὁδοῦ	ἔργου	τοῦ	τῆς	τοῦ
	D	λόγῳ	ὁδῷ	ἔργῳ	τῷ	τῇ	τῷ
	A	λόγον	ὁδόν	ἔργον	τόν	τήν	τό
Plural	N	λόγοι	ὁδοί	ἔργα	οἱ	αἱ	τά
	G	λόγων	ὁδῶν	ἔργων	τῶν	τῶν	τῶν
	D	λόγοις	ὁδοῖς	ἔργοις	τοῖς	ταῖς	τοῖς
	A	λόγους	ὁδούς	ἔα	τούς	τάς	τά

THE NOUN SYSTEM

		The Third Declension			
		M			
Singular	N	ἄρχων	ἀνήρ	ἰχθύς	βασιλεύς
	G	ἄρχοντος	ἀνδρός	ἰχθύος	βασιλέως
	D	ἄρχοντι	ἀνδρί	ἰχθύϊ	βασιλεῖ
	A	ἄρχοντα	ἄνδρα	ἰχθύν	βασιλέα
Plural	N	ἄρχοντες	ἄνδρες	ἰχθύες	βασιλεῖς
	G	ἀρχόντων	ἀνδρῶν	ἰχθύων	βασιλέων
	D	ἄρχουσιν	ἀνδράσιν	ἰχθύσιν	βασιλεῦσιν
	A	ἄρχοντας	ἄνδρας	ἰχθύας	βασιλεῖς

		F			
Singular	N	σάρξ	χάρις	γυνή	πόλις
	G	σαρκός	χάριτος	γυναικός	πόλεως
	D	σαρκί	χάριτι	γυναικί	πόλει
	A	σάρκα	χάριν	γυναῖκα	πόλιν
Plural	N	σάρκες	χάριτες	γυναῖκες	πόλεις
	G	σαρκῶν	χαρίτων	γυναικῶν	πόλεων
	D	σαρξίν	χάρισιν	γυναίξιν	πόλεσιν
	A	σάρκας	χάριτας	γυναῖκας	πόλεις

		N			
Singular	N	σῶμα	γένος	ὕδωρ	φῶς
	G	σώματος	γένους	ὕδατος	φωτός
	D	σώματι	γένει	ὕδατι	φωτί
	A	σῶμα	γένος	ὕδωρ	φῶς
Plural	N	σώματα	γένη	ὕδατα	φῶτα
	G	σωμάτων	γενῶν	ὕδάτων	φώτων
	D	σώμασιν	γένεσιν	ὕδασιν	φωσίν
	A	σώματα	γένη	ὕδατα	φῶτα

THE NOUN SYSTEM

Personal Pronouns ("I" "you" "he/she/it")

		1st Person	2nd Person	3rd Person		
		M/F/N	M/F/N	M	F	N
Singular	N	ἐγώ	σύ	αὐτός	αὐτή	αὐτό
	G	μοῦ, ἐμοῦ	σοῦ	αὐτοῦ	αὐτῆς	αὐτοῦ
	D	μοί, ἐμοί	σοί	αὐτῷ	αὐτῇ	αὐτῷ
	A	μέ, ἐμέ	σέ	αὐτόν	αὐτήν	αὐτό
Plural	N	ἡμεῖς	ὑμεῖς	αὐτοί	αὐταί	αὐτά
	G	ἡμῶν	ὑμῶν	αὐτῶν	αὐτῶν	αὐτῶν
	D	ἡμῖν	ὑμῖν	αὐτοῖς	αὐταῖς	αὐτοῖς
	A	ἡμᾶς	ὑμᾶς	αὐτούς	αὐτάς	αὐτά

Demonstrative Pronouns

		"this/these"			"that/those"		
		M	F	N	M	F	N
Singular	N	οὗτος	αὕτη	τοῦτο	ἐκεῖνος	ἐκείνη	ἐκεῖνο
	G	τούτου	ταύτης	τούτου	ἐκείνου	ἐκείνης	ἐκείνου
	D	τούτου	ταύτῃ	τούτῳ	ἐκείνῳ	ἐκείνῃ	ἐκείνῳ
	A	τούτον	ταύτην	τοῦτο	ἐκεῖνον	ἐκείνην	ἐκεῖνο
Plural	N	οὗτοι	αὗται	ταῦτα	ἐκεῖνοι	ἐκεῖναι	ἐκεῖνα
	G	τούτων	τούτων	τούτων	ἐκείνων	ἐκείνῶν	ἐκείνων
	D	τούτοις	ταύταις	τούτοις	ἐκείνοις	ἐκείναις	ἐκείνοις
	A	τούτους	ταύτας	ταῦτα	ἐκείνους	ἐκείνας	ἐκεῖνα

Relative Pronouns

		"who, which"		
		M	F	N
Singular	N	ὅς	ἥ	ὅ
	G	οὗ	ἧς	οὗ
	D	ᾧ	ᾗ	ᾧ
	A	ὅν	ἥν	ὅ
Plural	N	οἵ	αἵ	ἅ
	G	ὧν	ὧν	ὧ
	D	οἷς	αἷς	οἷς
	A	οὕς	ἅς	ἅ

Indefinite/Interrogative Pronoun

"someone, thing" "who? what?"	
M/F	N
τίς	τί
τίνος	τίνος
τίνι	τίνι
τίνα	τί
τίνες	τίνα
τίνων	τίνων
τίσιν	τίσιν
τίνας	τίνα

ADJECTIVES

Adjective Paradigms

		"2-1-2" Adjectives		
		M	F	N
Singular	N	ἀγαθός	ἀγαθή	ἀγαθόν
	G	ἀγαθοῦ	ἀγαθῆς	ἀγαθοῦ
	D	ἀγαθῷ	ἀγαθῇ	ἀγαθῷ
	A	ἀγαθόν	ἀγαθήν	ἀγαθόν
Plural	N	ἀγαθοί	ἀγαθαί	ἀγαθά
	G	ἀγαθῶν	ἀγαθῶν	ἀγαθῶν
	D	ἀγαθοῖς	ἀγαθῖς	ἀγαθοῖς
	A	ἀγαθούς	ἀγαθάς	ἀγαθά

		"3-1-3" Adjectives		
		M	F	N
Singular	N	πᾶς	πᾶσα	πᾶν
	G	παντός	πάσης	ταντός
	D	παντί	πάσῃ	παντί
	A	πάντα	πᾶσαν	πᾶν
Plural	N	πάντες	πᾶσαι	πάντα
	G	πάντων	πασῶν	πάντων
	D	πᾶσιν	πάσαις	πᾶσιν
	A	πάντας	πάσας	πάντα

		-ης Adjectives	
		M/F	N
Singular	N	ἀληθής	ἀληθές
	G	ἀληθοῦς	ἀληθοῦς
	D	ἀληθεῖ	ἀληθεῖ
	A	ἀληθῆ	ἀληθές
Plural	N	ἀληθεῖς	ἀληθῆ
	G	ἀληθῶν	ἀληθῶν
	D	ἀληθέσιν	ἀληθέσιν
	A	ἀληθεῖς	ἀληθῆ

Participles

Participles are "***verbal adjectives***."

Like verbs they have ***tense*** and ***voice.***
Like adjectives, they have ***case, number*** and ***gender.***

Common uses of participles

1. ***With the definite article***, participles act like nouns.

   ὁ πιστεύων
   "the believing (person)" or
   "the one who believes"

2. ***Without the definite article,*** participles act like adverbs, describing circumstances surrounding the action of the main clause.

   καὶ; παράγων εἶδεν ἄνθρωπον
   "and going along, he saw a man" or
   "as he was going along, he saw a man" (John 9:1)

3. ***Genitive Absolute***, a ***noun or pronoun*** in the genitive with a ***participle*** in the genitive.

   ὄχλυ ὄντος ἐν τῷπῳ
   "a crowd being in the place" or
   "since there was a crowd in the place" (John 5:13)

4. ***Periphrastic Participles,*** a form of the verb "to be" with a participle.

   ἐστὶν βαπτίζων "he/she is baptizing"
   ἦν βαπτίζων "he/she was baptizing"

Present Participles

		Active			Middle/Passive		
		M (3)	**F (1)**	**N (3)**	**M (2)**	**F (1)**	**N (2)**
Singular	N	λύων	λύουσα	λύον	λυόμενος	λυομένη	λυόμενον
	G	λύοντος	λυούσης	λύοντος	λυομένου	λυομένης	λυομένου
	D	λύοντι	λυούσῃ	λύοντι	λυομένῳ	λυομένῃ	λυομένῳ
	A	λύοντα	λύουσαν	λύον	λυόμενον	λυομένην	λυόμενον
Plural	N	λύοντες	λύουσαι	λύοντα	λυόμενοι	λυόμεναι	λυόμενα
	G	λυόντως	λυουσῶν	λύοντων	λυομένων	λυομενῶν	λυομένων
	D	λύουσιν	λυούσαις	λύονσιν	λυομένοις	λυομέναις	λυομένοις
	A	λύοντας	λυούσας	λύοντα	λυομένους	λυομένας	λυόμενα

PARTICIPLES

Aorist Participles

		Active			Middle		
		M (3)	F (1)	N (3)	M (2)	F (1)	N (2)
Singular	N	λύσας	λύσασα	λῦσαν	λυσάμενος	λυσαμένη	λυσάμενον
	G	λύσαντος	λυσάσης	λύσαντος	λυσαμένου	λυσαμένης	λυσαμένου
	D	λύσαντι	λυσάσῃ	λύσαντι	λυσαμένῳ	λυσαμένῃ	λυσαμένῳ
	A	λύσαντα	λύσασαν	λῦσαν	λυσάμενον	λυσαμένην	λυσάμενον
Plural	N	λύσαντες	λύσασαι	λύσαντα	λυσάμενοι	λυσάμεναι	λυσάμενα
	G	λυσάντων	λυσασῶν	λυσάντων	λυσαμένων	λυσαμενῶν	λυσαμένων
	D	λύσασιν	λυσάσαις	λύσασιν	λυσαμένοις	λυσαμέναις	λυσαμένοις
	A	λύσαντας	λυσάσας	λύσαντα	λυσαμένους	λυσαμένας	λυσάμενα

		Passive		
		M (3)	F (1)	N (3)
Singular	N	λυθείς	λυθεῖσα	λυθέν
	G	λυθέντος	λυθείσης	λυθέντος
	D	λυθέντι	λυθείσῃ	λυθέντι
	A	λυθέντα	λυθεῖσαν	λυθέν
Plural	N	λυθέντες	λυθεῖσαι	λυθέντα
	G	λυθέντων	λυθεισῶν	λυθέντων
	D	λυθεῖσιν	λυθείσαις	λυθεῖσιν
	A	λυθέντας	λυθείσας	λυθέντα

Perfect Participles

		Active			Middle/Passive		
		M (3)	F (1)	N (3)	M (2)	F (1)	N (2)
Singular	N	λελυκώς	λελυκυῖα	λελυκός	λελυμένος	λελυμένη	λελυμένον
	G	λελυκότος	λελυκυίας	λελυκότος	λελυμένου	λελυμένης	λελυμένου
	D	λελυκότι	λελυκυίᾳ	λελυκότι	λελυμένῳ	λελυμένῃ	λελυμένῳ
	A	λελυκότα	λελυκυῖαν	λελυκός	λελυμένον	λελυμένην	λελυμένον
Plural	N	λελυκότες	λελυκυῖαι	λελυκότα	λελυμένοι	λελυμέναι	λελυμένα
	G	λελυκότων	λελυκυιῶν	λελυκότων	λελυμένων	λελυμεῶν	λελυμένων
	D	λελυκόσιν	λελυκυίαις	λελυκόσιν	λελυμένοις	λελυμέναις	λελυμένοις
	A	λελυκότας	λελυκυίας	λελυκότα	λελυμένους	λελυμένας	λελυμένα

THE SIX PRI

SIX TENSES, T

	1. λύω		2nd Aorist		2. λύσω		
	Present Active	Present M/P	Impf Active	Imperfect M/P	Future Active	Future Middle	Aorist Act
INDICATIVE							
Singular							
1	λύω	λύομαι	ἔλυον	ἐλυόμην	λύσω	λύσομαι	ἔλυσα
2	λύεις	λύῃ	ἔλυες	ἐλύου	λύσεις	λύσῃ	ἔλυσας
3	λύει	λύεται	ἔλυεν	ἐλύετο	λύσει	λυσεται	ἔλυσεν
Plural							
1	λύομεν	λυόμεθα	ἐλύομεν	ἐλυόμεθα	λύσομεν	λυσόμεθα	ἐλύσαμεν
2	λύετε	λύεσθε	ἐλύετε	ἐλύεσθε	λύσετε	λύσεσθε	ἐλύσατε
3	λύουσιν	λύονται	ἔλυον	ἐλύοντο	λύσουσιν	λύσονται	ἔλυσαν
SUBJUNCTIVE							
Singular							
1	λύω	λύῃμαι					λύσω
2	λύῃς	λύῃ					λύσῃς
3	λύῃ	λύῃται					λύσῃ
Plural							
1	λύωμεν	λυώμεθα					λύσωμεν
2	λύητε	λύησθε					λύσητε
3	λύωσιν	λύωνται					λύσωσιν
IMPERATIVE							
Singular							
2	λῦε	λύου					λῦσον
3	λυέτω	λυέσθω					λυσάτω
Plural							
2	λύετε	λύεσθε					λύσατε
3	λυέτωσαν	λυέσθωσαν					λυσάτωσ
INFINITIVE							
	λύειν	λύεσθαι			λύσειν	λύσεσθαι	λῦσαι
PARTICIPLE							
M	λύων	λυόμενος			λύσων	λυσόμενος	λύσας
F	λύουσα	λυομένη			λύσουσα	λυσομένη	λύσασα
N	λύον	λυόμενον			λῦσον	λυσόμενον	λῦσαν

ARTS OF λύω

	4. λέλυκα		5. λέλυμαι		6. ἐλύθην	

DICES OF λύω

Middle	Perfect Active	Pluperfect Active	Perfect M/P	Pluperfect M/P	Aorist Passive	Future Passive
άμην	λέλυκα	ἐλελύκειν	λέλυμαι	ἐλελύμην	ἐλύθην	λυθήσομαι
ω	λέλυκας	ἐλελύκεις	λέλυσαι	ἐλέλυσο	ἐλύθης	λυθήσῃ
ατο	λέλυκεν	ἐλελύκει	λέλυται	ἐλέλυτο	ἐλύθη	λυθήσεται
άμεθα	λελύκαμεν	ἐλελύκειμεν	λελύμεθα	ἐλελύμεθα	ἐλύθημεν	λυθησόμεθα
ασθε	λελύκατε	ἐλελύκειτε	λέλυσθε	ἐλέλυσθε	ἐλύθητε	λυθήσεσθε
αντο	λελύκασιν	ἐλελύκεισαν	λέλυνται	ἐλέλυντο	ἐλύθησαν	λυθήσονται
ωμαι					λυθῶ	
					λυθῇς	
ται					λυθῇ	
ωμεθα					λυθῶμεν	
σθε					λυθῆτε	
ωνται					λυθῶσιν	
ι					λύθητι	
σθω					λυθήτω	
σθε					λύθητε	
σθωσαν					λυθήτωσαν	
σθαι	λελυκέναι		λελύσθαι		λυθῆναι	λυθήσεσθαι
μενος	λελυκώς		λελυμένος		λυθείς	λυθησόμενος
μένη	λελυκυῖα		λελυμένη		λυθεῖσα	λυθησομένη
μενον	λελυκός		λελυμένον		λυθέν	λυθησόμενον

–μι VERBS

The Present, Imperfect and Aorist of δίδωμι

	Present Active	Present M/P	Impf Active	Imperfect M/P	Aorist Active	Aorist Middle
INDICATIVE						
Singular						
1	δίδωμι	δίδομαι	ἐδίδουν	ἐδιδόμην	ἔδωκα	ἐδόμην
2	δίδως	δίδοσαι	ἐδίδους	ἐδίδοσο	ἔδωκας	ἔδου
3	δίδωσιν	δίδοται	ἐδίδου	ἐδίδοτο	ἔδωκεν	ἔδοτο
Plural						
1	δίδομεν	διδόμεθα	ἐδίδομεν	ἐδιδόμεθα	ἐδώκαμεν	ἐδόμεθα
2	δίδοτε	δίδοσθε	ἐδίδοτε	ἐδίδοσθε	ἐδώκατε	ἔδοσθε
3	διδόασιν	δίδονται	ἐδίδοσαν	ἐδίδοντο	ἔδςκαν	ἔδοντο
SUBJUNCTIVE						
Singular						
1	διδῶ	διδῶμαι			δῶ	δῶμαι
2	διδῷς	διδῷ			δῷς	δῷ
3	διδῷ	διδῶται			δῷ	δῶται
Plural						
1	διδῶμεν	διδώμεθα			δῶμεν	δώμεθα
2	διδῶτε	διδῶσθε			δῶτε	δῶσθε
3	διδῶσιν	διδῶνται			δῶσιν	δῶνται
IMPERATIVE						
Singular						
2	δίδου	δίδοσο			δός	δοῦ
3	διδότω	διδόσθω			δότω	δόσθω
Plural						
2	δίδοτε	δίδοσθε			δότε	δόσθε
3	διδόντων	διδόσθων			δόντων	δόσθων
INFINITIVE						
	δίδοναι	δίδοσθαι			δοῦναι	δόσθαι
PARTICIPLE						
M	διδούς	διδόμενος			δούς	δόμενος
F	διδοῦσα	διδομένη			δοῦσα	δομένη
N	διδόν	διδόμενον			δόν	δόμενον

–μι VERBS

The Present, Imperfect and Aorist of ἵστημι

	Present Active	Present M/P	Impf Active	Imperfect M/P	Aorist Active "set"	"stood"
INDICATIVE						
Singular						
1	ἵστημι	ἵσταμαι	ἵστην	ἱστάμην	ἔστησα	ἔστην
2	ἵστης	ἵστασαι	ἵστης	ἵστασο	ἔστησας	ἔστης
3	ἵστησιν	ἵσταται	ἵστη	ἵστατο	ἔστησεν	ἔστη
Plural						
1	ἵσταμεν	ἱστάμεθα	ἵσταμεν	ἱστάμεθα	ἐστήσαμεν	ἔστημεν
2	ἵστατε	ἵστασθε	ἵστατε	ἵστασθε	ἐστήσατε	ἔστητε
3	ἱστᾶσιν	ἵστανται	ἵστασαν	ἵσταντο	ἔστησαν	ἔστησαν
SUBJUNCTIVE						
Singular						
1	ἱστῶ	ἱστῶμαι			στησῶ	στῶ
2	ἱστῇς	ἱστῇ			στησῇς	στῇς
3	ἱστῇ	ἱστῆται			στησῇ	στῇ
Plural						
1	ἱστῶμεν	ἱστώμεθα			στησῶμεν	στῶμεν
2	ἱστῆτε	ἱστῆσθε			στησῶτε	στῆτε
3	ἱστῶσιν	ἱστῶνται			στησῶσιν	στῶσιν
IMPERATIVE						
Singular						
2	ἵστη	ἵστασο			στῆσον	στῆθι
3	ἱστάτω	ἱστάσθω			στησάτω	στήτω
Plural						
2	ἵστατε	ἵστασθε			στήσατε	στῆτε
3	ἱστάντων	ἱστάσθων			στησάτωσαν	στάντων
INFINITIVE						
	ἱστάναι	ἵστασθαι			στῆσαι	στῆναι
PARTICIPLE						
M	ἱστάς	ἱστάμενος			στήσας	στάς
F	ἱστᾶσα	ἱσταμένη			στήσασα	στᾶσα
N	ἱστάν	ἱστάμενον			στήσαν	στάν

-μι Verbs

The Present, Imperfect and Aorist of τίθημι

	Present Active	Present M/P	Impf Active	Imperfect M/P	Aorist Active	Aorist Middle
INDICATIVE						
Singular						
1	τίθημι	τίθεμαι	ἐτίθην	ἐτιθέμην	ἔθηκα	ἐθέμην
2	τίθης	τίθεσαι	ἐτίθεις	ἐτίθεσο	ἔθηκας	ἔθου
3	τίθησιν	τίθεται	ἐτίθειν	ἐτίθετο	ἔθηκεν	ἔθετο
Plural						
1	τίθεμεν	τιθέμεθα	ἐτίθεμεν	ἐτιθέμεθα	ἔθεμεν	ἐθέμεθα
2	τίθετε	τίθεσθε	ἐτίθετε	ἐτίθεσθε	ἔθετε	ἔθεσθε
3	τιθέασιν	τίθενται	ἐτίθεσαν	ἐτίθεντο	ἔθεσαν	ἔθεντο
SUBJUNCTIVE						
Singular						
1	τιθῶ	τιθῶμαι			θῶ	θῶμαι
2	τιθῇς	τιθῇ			θῇς	θῇ
3	τιθῇ	τιθῆται			θῇ	θῆται
Plural						
1	τιθῶμεν	τιθώμεθα			θῶμεν	θώμεθα
2	τιθῆτε	τιθῆσθε			θῆτε	θῆσθε
3	τιθῶσιν	τιθῶνται			θῶσιν	θῶνται
IMPERATIVE						
Singular						
2	τίθει	τίθεσο			θές	θοῦ
3	τιθέτω	τιθέσθω			θέτω	θέσθω
Plural						
2	τίθετε	τίθεσθε			θέτε	θέσθε
3	τιθέντων	τιθέσθων			θέντων	θέσθων
INFINITIVE						
	τιθέναι	τίθεσθαι			θεῖναι	θέσθαι
PARTICIPLE						
M	τιθείς	τιθέμενος			θείς	θέμενος
F	τιθεῖσα	τιθεμένη			θεῖσα	θεμένη
N	τιθέν	τιθέμενον			θέν	θέμενον

Forms of εἰμί/ἤν

The Present, Imperfect and Future of εἰμί

	Present "Active"	Impf "Active"	Future "Middle"
INDICATIVE			
Singular			
1	εἰμί	ἤμην/ἦν	ἔσομαι
2	εἶ	ἦσθα (ἦς)	ἔσῃ
3	ἐστίν	ἦν	ἔσται
Plural			
1	ἐσμέν	ἦμεν (ἤμεθα)	ἐσόμεθα
2	ἐστέ	ἦτε	ἔσεσθε
3	εἰσίν	ἦσαν	ἔσονται
SUBJUNCTIVE			
Singular			
1	ὦ		
2	ᾖς		
3	ᾖ		
Plural			
1	ὦμεν		
2	ἦτε		
3	ὦσιν		
IMPERATIVE			
Singular			
2	ἴσθι		
3	ἔστω (ἤτω)		
Plural			
2	ἔστε		
3	ἔστωσαν (ἔστων)		
INFINITIVE			
	εἶναι		ἔσεσθαι
PARTICIPLE			
M	ὤν		ἐσόμενος
F	οὖσα		ἐσομένη
N	ὄν		ἐσόμενον

Principal Parts of Some Important Verbs

1. Present Active	2. Future Active	3. Aorist Active	4. Perfect Active	5. Perfect M/P	6. Aorist Passive
ἀγγέλλω *I announce*	ἀγγελῶ	ἤγγειλα	ἤγγελκα	ἤγγελμαι	ἠγγέλθην
ἄγω *I lead*	ἄξω	ἤγαγον	ἦχα	ἦγμαι	ἤχθην
αἴρω *I lift up*	ἀρῶ	ἦρα	ἦρκα	ἦρμαι	ἤρθην
αἰτέω *I ask*	αἰτήσω	ᾔτησα	ᾔτηκα	ᾔτημαι	ᾐτήθην
ἀκολουθέω *I follow*	ἀκολουθήσω	ἠκολούθησα	ἠκολούθηκα	---	---
ἀκούω *I hear*	ἀκούσω	ἤκουσα	ἀκήκοα	---	ἠκούσθην
ἁμαρτάνω *I sin*	ἁμαρτήσω	ἥμαρτον	ἡμάρτηκα	ἡμάρτημαι	ἡμαρτήθην
ἀνοίγω *I open*	ἀνοίξω	ἀνέῳξα	ἀνέῳγα	ἀνέῳγμαι	ἀνεῴχθην
ἀποθνῄσκω *I die*	ἀποθανοῦμαι	ἀπέθανον	τέθνηκα	---	---
ἀποκρίνομαι *I ask*	ἀποκρινῶ	ἀπεκρινάμην	---	---	ἀπεκρίθην
ἀποκτείνω *I kill*	ἀποκτενῶ	ἀπέκτεινα	---	---	ἀπεκτάνθην
ἀπόλλυμι *I destroy*	ἀπολῶ	ἀπώλεσα	ἀπολώλεκα	---	---
ἀποστέλλω *I send*	ἀποστελῶ	ἀπέστειλα	ἀπέσταλκα	ἀπέσταλμαι	ἀπεστάλην
ἄρχομαι *I begin*	ἄρξω	ἠρξάμην	---	---	---
ἀφίημι *I forgive*	ἀφήσω	ἀφῆκα	ἀφεῖκα	ἀφεῖμαι	ἀφήθην
-βαίνω *I go*	-βήσομαι	-ἔβην	-βέβηκα	-βέβαμαι	-ἐβάθην
βάλλω *I throw*	βαλῶ	ἔβαλον	βέβληκα	βέβλημαι	ἐβλήθην
γαμέω *I marry*	γαμῶ	ἔγημα	γεγάμεκα	γεγάμημαι	---
γίνομαι *I become*	γενήσομαι	ἐγενόμην	γέγονα	γεγένημαι	ἐγενήθην
γινώσκω *I know*	γνώσομαι	ἔγνων	ἔγνωκα	ἔγνωσμαι	ἐγνώσθην
γράφω *I write*	γράψω	ἔγραψα	γέγραφα	γέγραμμαι	ἐγράφην
δείκνυμι *I show*	δείξω	ἔδειξα	δέδειχα	δέδειγμαι	ἐδείχθην
δέχομαι *I welcome*	δέξομαι	ἐδεξάμην	---	δέδεγμαι	ἐδέχθην

Principal Parts of Some Important Verbs

1. Present Active	2. Future Active	3. Aorist Active	4. Perfect Active	5. Perfect M/P	6. Aorist Passive
διδάσκω *I teach*	διδάξω	ἐδίδαξα	δεδίδαχα	δεδίδαγμαι	ἐδιδάχθην
δίδωμι *I give*	δώσω	ἔδωκα	δέδωκα	δέδομαι	ἐδόθην
διώκω *I persecute*	διώξομαι	ἐδίωξα	δεδίωχα	---	ἐδιώχθην
δοκέω *I think, seem*	δόξω	ἔδοξα	---	δέδογμαι	ἐδόχθην
δύναμαι *I am able*	δυνήσομαι	---	---	δεδύνημαι	ἠδυνήθην
ἐγείρω *I raise (up)*	ἐγερῶ	ἤγειρα	---	ἐγήγερμαι	ἠγέρθην
εἰμί *I am*	ἔσομαι	---	---	---	---
ἐλπίζω *I hope*	ἐλπιῶ	ἤλπισα	ἔλπικα	---	ἠλπίσθην
ἔρχομαι *I come, go*	ἐλεύσομαι	ἦλθον	ἐλήλυθα	---	---
ἐρωτάω *I ask*	ἐρωτήσω	ἠρώτησα	ἠρώτηκα	ἠρώτημαι	ἠρωτήθην
ἐσθίω *I eat*	φάγομαι	ἔφαγον	---	---	---
ἑτοιμάζω *I prepare*	ἑτοιμάσω	ἡτοίμασα	ἡτοίμακα	ἡτοίμασμαι	ἡτοιμάσθην
εὑρίσκω *I find*	εὑρήσω	εὗρον	εὕρηκα	εὕρημαι	εὑρέθην
ἔχω *I have*	ἕξω	ἔσχον	ἔσχηκα	---	---
ζάω *I live*	ζήσω	ἔζησα	ἔζηκα	---	---
ἡγέομαι *I lead*	ἡγήσομαι	ἡγησάμην	---	ἥγημαι	ἡγήθην
θαυμάζω *I marvel*	θαυμάσομαι	ἐθαύμασα	τεθαύμακα	τεθαύμασμαι	ἐθαυμάσθην
θέλω *I want*	θελήσω	ἠθέλησα	ἠθέληκα	---	---
ἵστημι *I set up, stand*	στήσω	ἔστησα/ἔστην	ἕστηκα	ἕσταμαι	ἐστάθην
καλέω *I call*	καλῶ	ἐκάλεσα	κέκληκα	κέκλημαι	ἐκλήθην
κηρύσσω *I proclaim*	κηρύξω	ἐκήρυξα	κεκήρυχα	κεκήρυγμαι	ἐκηρύχθην
κράζω *I call out*	κράξω	ἔκραξα	κέκραγα	---	---

Principal Parts of Some Important Verbs

1. Present Active	2. Future Active	3. Aorist Active	4. Perfect Active	5. Perfect M/P	6. Aorist Passive
κρίνω *I judge*	κρινῶ	ἔκρινα	κέκρικα	κέκριμαι	ἐκρίθην
λαλέω *I speak*	λαλήσω	ἐλάλησα	λελάληκα	λελάλημαι	ἐλαλήθην
λαμβάνω *I receive*	λήμψομαι	ἔλαβον	εἴληφα	εἴλημμαι	ἐλήμφθην
λέγω *I say*	ἐρῶ	εἶπον	εἴρηκα	εἴρημαι	ἐρρέθην
λείπω *I leave*	λείψω	ἔλιπον	λέλοιπα	λέλειμμαι	ἐλείφθην
μένω *I remain*	μενῶ	ἔμεινα	μεμένηκα	---	---
ὁράω *I see*	ὄψομαι	εἶδον	ἑόρακα	ἑώραμαι	ὤφθμν
πείθω *I persuade*	πείσω	ἔπεισα	πέποιθα	πέπεισμαι	ἐπείσθμν
πέμπω *I send*	πέμψω	ἔπεμψα	πέπομφα	πέπεμμαι	ἐπέμφθμν
πίνω *I drink*	πίομαι	ἔπιον	πέπωκα	πέπομαι	ἐπόθην
πίπτω *I fall*	πεσοῦμαι	ἔπεσον	πέπτωκα	---	---
πιστεῦω *I believe*	πιστεῦσω	ἐπίστευσα	πεπίστευκα	πεπίστευμαι	ἐπιστεύθην
ποιέω *I make, do*	ποιήσω	ἐποίησα	πεποίηκα	πεποίημαι	ἐποιήθην
προσεύχομαι *I pray*	προσεύξομαι	προσηυξάμην	---	---	---
στρέφω *I turn*	στρέψω	ἔστρεψα	---	ἔστραμμαι	ἐστράφην
σῴζω *I save*	σώσω	ἔσωσα	σέσωκα	σέσωμαι	ἐσώθην
τηρέω *I keep*	τηρήσω	ἐτήρησα	τετήρηκα	τετήρημαι	ἐτηρήθην
τίθημι *I place*	θήσω	ἔθηκα	τέθηκα	τέθειμαι	ἐτέθην
φέρω *I bear*	οἴσω	ἤνεγκα	ἐνήνοχα	ἐνήνεγμαι	ἠνέχθην
φεύγω *I flee*	φεύξομαι	ἔφυγον	πέφευγα	---	---
φοβέομαι *I fear*	---	---	---	---	ἐφοβήθην
χαίρω *I rejoice*	χαρήσομαι	ἐχάρησα	κεχάρηκα	κεχάρημαι	ἐχάρην

Common Adverbs

Alphabetical Listing

ἀληθῶς[1]	truly
ἄνωθεν[2]	from above, again
ἄρτι	now
αὔριον	tomorrow
ἐκεῖ	there
ἐκεῖθεν[2]	from there
ἔμπροσθεν[2]	before
ἐντεῦθεν[2]	hence
εὐθέως[1]	immediately
εὐθύς	immediately
ἐχθές	yesterday
ἤδη	already
κακῶς[1]	badly
καλῶς[1]	well
μακρόθεν[2]	from afar
νῦν	now
ὅθεν[2]	from where
ὁμοίως[1]	similarly
ὄπισθεν[2]	from behind
οὐδέποτε[3]	never
οὐκέτι	no longer
οὕτως[1]	thus
πάλιν	again
πάντοτε[2]	always
πόθεν[2]	from where?
πότε[2]	when?
ποτέ[2]	some time
πρωῒ	in the morning
πώποτε[2]	at any time, ever
πῶς	how
σήμερον	today
τότε[2]	then
ταχέως[1]	quickly
ὧδε	here

Listing by Type

[1]*The suffix –ως is like –ly in "slowly"*

ἀληθῶς	truly
εὐθέως	immediately
κακῶς	badly
καλῶς	well
ὁμοίως	similarly
οὕτως	thus
ταχέως	quickly

[2]*The suffix -θεν means "from"*

ἄνωθεν	from above, again
ἐκεῖθεν	from there
ἔμπροσθεν	before
ἐντεῦθεν	hence
μακρόθεν	from afar
ὅθεν	from where
ὄπισθεν	from behind
πόθεν	from where?

[3]*Adverbs related to ὅτε, "when"*

οὐδέποτε	never
πάντοτε	always
πότε	when?
ποτέ	some time
πώποτε	at any time, ever
τότε	then

CONDITIONAL SENTENCES

Basic structure: an "*if*" clause (the *protasis*) followed by a "*then*" clause (the *apodosis*). The protasis states the *condition* and the apodosis contains the *result*. Grammarians usually speak of *Four Classes* of conditional sentences.

<table>
<tr><td colspan="2">Class 1: Simple or Real Conditions
The situation described in the protasis is assumed to be real (in fact or as a general rule).</td></tr>
<tr><th>Protasis</th><th>Apodosis</th></tr>
<tr><td>εἰ (or rarely ἐάν) + any tense of the indicative.
The negative is οὐ.</td><td>Any tense of the indicative, subjunctive or imperative</td></tr>
<tr><td colspan="2">John 15:20 εἰ ἐμὲ ἐδίωξαν, καὶ ὑμᾶς διώξουσιν
"If (as is the case) they persecuted me, so (then) they will also persecute you."</td></tr>
<tr><td colspan="2">1 John 5:15 καὶ ἐὰν οἴδαμεν ὅτι ἀκούει ἡμῶν ὃ ἐὰν αἰτώμεθα, οἴδαμεν ὅτι ἔχομεν τὰ αἰτήματα ἃ ᾐτήκαμεν ἀπ᾽ αὐτοῦ.
"If we know that he hears us whatever we request, we know that we have (we will get) the things we have requested of him."</td></tr>
<tr><td colspan="2">Class 2: Conditions Contrary to Fact
The condition expressed in the protasis is assumed to be unreal or contrary to fact.</td></tr>
<tr><td>a) εἰ + the imperfect indicative</td><td>Imperfect indicative, usually with ἄν.</td></tr>
<tr><td>b) εἰ + the aorist indicative
The negative is usually μή.</td><td>Aorist indicative, usually with ἄν.</td></tr>
<tr><td colspan="2">John 5:46 εἰ γὰρ ἐπιστεύετε Μωυσεῖ, ἐπιστεύετε ἂν ἐμοί
"For if you knew Moses (and you do not), you would believe me (but you do not)."</td></tr>
<tr><td colspan="2">Class 3: Future More Probable Conditions
The condition is regarded as generally true in the present or very likely to be fulfilled in the future.</td></tr>
<tr><td>ἐάν + the subjunctive (present or aorist)
The negative is usually μή.</td><td>Present or future indicative (or sometimes the imperative)</td></tr>
<tr><td colspan="2">John 6:51 ἐάν τις φάγῃ ἐκ τούτου τοῦ ἄρτου ζήσει εἰς τὸν αἰῶνα
"If anyone ever eats of this bread, he/she will live forever."</td></tr>
<tr><td colspan="2">Class 4: Future Less Probable Conditions
It is assumed that the condition will not become a reality.
The NT offers only incomplete examples of this class of condition.</td></tr>
<tr><td>εἰ + optative</td><td>ἄν + optative</td></tr>
<tr><td colspan="2">1 Peter 3:14 ἀλλ᾽ εἰ καὶ πάσχοιτε διὰ δικαιοσύνην, μακάριοι (ἄν ἦτε).
"But if you should suffer on account of righteousness, blessed (are you)."</td></tr>
</table>